AF262251

1er Fascicule

Le Régime Congolais

OPINION

Magistrat du Congo

PAR

Stanislas LEFRANC

Juge à l'État du Congo

Le Régime Congolais

OPINION

D'UN

Magistrat du Congo

PAR

Stanislas LEFRANC

Juge à l'État du Congo

« On tourne le nom de la charité contre la lumière toutes les fois, qu'au lieu d'écraser l'erreur, on pactise avec elle, sous prétexte de ménager les hommes. On tourne le nom de la charité contre la lumière, toutes les fois qu'on se sert de lui pour faiblir dans l'exécration du mal.

« Mais le découragement, cette ruse terrible de l'enfer, est là qui glace l'âme et retient le bras. « Tu ne feras pas tout, dit-il ; ainsi, ne fais rien ». Mais en vérité est-ce une raison ?

« Faut-il, pour parler, attendre que tout le monde soit persuadé d'avance, et parce qu'il y a des sourds, la parole perd-elle ses droits ?

« Je ne le pense pas. Parlons donc, malgré les sourds ».

Ernest HELLO (L'Homme).

Pourquoi j'écris

« Le spectacle d'une immense infortune nous a fait publier ce livre » : c'est la première phrase de l'épilogue du si intéressant ouvrage du P. Vermeersch sur le Congo. L'auteur ajoute : « Quand nous avons connu la gravité du mal, nous n'avons pu garder pour nous-même la compassion qui nous pénétrait ». Ah ! que je la comprends l'émotion qui étreignit l'âme de l'excellent religieux lorsque la vérité lui fut révélée ! Cependant, les horreurs du Congo, il ne les connaissait que par o .ï-dire. Il n'avait pas vu à l'œuvre, d'un bout à l'autre de l'immense territoire, ces féroces courtiers, pillant, volant, torturant, massacrant de lamentables créatures humaines afin de procurer à des maîtres cupides et sans entrailles les monceaux d'or dont ils usent pour corrompre ou qu'ils dilapident au gré de leurs stupides caprices.

Tout cela je l'ai vu moi, qui ai passé plusieurs années au Continent Noir, moi qui ai connu le Régime Congolais, « assassinat et esclavage ». Et comme le brave P. Vermeersch, je suis ému de compassion, et je m'indigne en songeant que, grâce au servilisme des uns, à l'ignorance des autres, à la lassitude, à l'apathie du grand nombre, le loup va rester dans la bergerie.

« L'ignorance, dit fort bien le P. Vermeersch, est la plus excusable des complicités, mais c'est la pire pour la victime et cette ignorance même peut être criminelle. Si la confiance est permise aux particuliers, elle doit, lorsqu'on accepte un mandat, se combiner avec la vigilance...... Représentants de la nation, vous devez vous mettre à même de formuler dans les délibérations un suffrage qui émane d'une conviction personnelle et suffisamment étudiée ».

Par sa prodigieuse hypocrisie, pivot de la hideuse machine, l'Etat négrier a pu, je le comprends, jeter le trouble dans beaucoup d'esprits.

L'astuce, la fourberie des cerbères veillant aux barricades de la négrerie royale, parvint presque toujours à égarer l'opinion publique. Dès qu'un homme paraissait porteur d'une lanterne et manifestait l'intention de projeter un rayon de lumière dans la sombre caverne, les cerbères poussaient un cri d'alarme et les trente-six mille voix de la presse stipendiée clamaient : « C'est un marchand de Liverpool, c'est un concurrent malhonnête de notre débit à civilisation brevetée ; c'est un agent révoqué pour escroquerie ou, frémissez, pour sévices à l'égard des indigènes ; c'est un socialiste, il ne vise qu'à battre en brèche la monarchie en lançant insultes et outrages au plus vertueux des Monarques, à ce Souverain magnanime qui, dans des accès d'irrépressible amour, s'épuise physiquement et financièrement afin d'engendrer la civilisation chez ses sauvages sujets de l'Afrique, qu'il chérit non moins que ses propres enfants.

Autour d'autres gêneurs, on organisait la conspiration du silence : ce fut le cas pour le P. Vermeersch.

C'est ce qui, bien que je sois très inhabile ès-art d'écrire, me décide à prendre la plume au moment où les débats vont s'ouvrir à la Chambre.

Mon intervention n'aura peut-être d'autre résultat que de m'attirer la haine de ceux dont je dénonce les honteux agissements et dont je m'efforce d'entraver les infâmes projets. Qu'importe : j'aurai accompli mon devoir ; ma conscience me rendra ce témoignage que je n'ai agi que dans le but d'être utile à la religion, à mon pays et surtout à ces populations martyres pour lesquelles j'éprouve la pitié, la sympathie que j'ai toujours ressenties à la vue de la souffrance. Ceux qui me connaissent savent que le mercantilisme n'a jamais été le mobile de mes actes et, si même ils me désapprouvent, ils ne me mépriseront pas.

Or donc, je ne suis ni marchand de Liverpool, ni intéressé dans une société commerciale ou financière quelconque ; je ne suis pas non plus un agent révoqué. Je suis, depuis février 1901, magistrat au pays du caoutchouc : j'ai été successivement substitut au Stanley-Pool, à l'Equateur, à Boma, Procureur d'Etat ad-interim, enfin juge de 1re instance à Niangara. De plus, je suis catholique et monarchiste et, à ce double titre, je m'attriste de voir les défenseurs du trône et de l'autel, creuser la fosse au parti catholique et à la monarchie.

Eh bien ! moi, j'affirme que tout ce qu'ont raconté les marchands de Liverpool, les affiliés de sociétés, les agents révoqués et même les socialistes, ne donne pas une idée de ce qu'a été, de ce qu'est encore le régime congolais ; j'affirme que la réalité dépasse en horreur tout ce que l'on a dit ou écrit.

Et comme tout cela a été voulu, ordonné par les patrons et que même les pires atrocités n'ont été punies que lorsqu'il était impossible de sauver les coupables, c'est-à-dire lorsqu'ils étaient dénoncés par les méchants anglais ou par un mauvais juge, je ne puis qu'applaudir aux paroles vengeresses prononcées récemment par M. Janson : « Aujourd'hui, on voudrait, par patriotisme, dit-on, voter une dotation nouvelle au Roi. Moi, je m'y refuse ! Il ne peut y avoir d'hommage national dans le cas présent. Est-ce un hommage national, les critiques de l'Angleterre et de son Roi à l'adresse du Souverain du Congo ? Hommage national ? Jamais ! Amnistie... peut-être. Il faudra voir ».

Je fais miennes ces courageuses paroles et je déplore qu'elles n'aient pas été prononcées par un membre de la droite.

J'ajoute que, lorsque sera écrite l'histoire même abrégée de ces vingt années de civilisation, M. Janson sera d'accord avec moi pour ne pas proposer l'amnistie.

Quant à ceux qui, en votant l'hommage national, auront sanctionné toutes ces infamies, en auront autorisé de nouvelles, le remords et la honte seront leur récompense. Malheureusement, cette honte retombera sur la Belgique et cela ne rendra pas la vie aux milliers de victimes qu'aura, entretemps, dévorées le minotaure.

Extrait de la lettre que le 25 septembre 1907 j'adressai à M.° le Gouverneur Général à Boma.

Le 25 septembre 1907 je me décidai à quitter Niangara où ma situation était intenable. Je prévins M. le Gouverneur General de ma détermination. Voici un extrait de la lettre que je lui adresssai :

« Venu au Congo, le connaissant déjà, pour m'y consacrer à la civilisation, à la Christianisation de ces malheureux noirs, je n'ai pas un seul jour dévié de la voie que je m'étais tracée, sachant parfaitement que je m'attirerais la haine de tous les avides, de tous les cupides, de tous les rapaces qui y travaillent dans l'ombre et le mystère. J'ai connu les exploits des pionniers qui s'y sont succédé ; jai connu les prodiges de valeur par eux accomplis à l'Equateur, pays des mains coupées, au Lac Léopold-II, pays de têtes tranchées, dans l'Abir et la Mongalla, pays de toutes les atrocités, sur les routes du Tanganika et du Katanga où l'on jouit du spectacle que présentait autrefois la cadavéreuse route des caravanes. C'est dans les villages voisins de cette dernière route que l'on me raconta, il y a 4 ou 5 ans, les célèbres victoires de Kiravungu, Kivuka, Congo, Kimbaluka et quantité d'autres dont j'ai oublié le nom. Au secrétariat, on pourra, si vous le désirez, vous fournir des renseignements sur ces glorieux combats gravés dans la mémoire des indigènes de ces régions que j'ai parcourues et où déjà les missionnaires avaient des fermes chapelles.

» Dans l'Uélé enfin j'ai vu la désorganisation organisée de toute la vie indigène ; j'ai pénétré, à Libokwa, dans cette « maison des horreurs » que vous-même avez visitée en 1902, et dont le glorieux propriétaire a, comme beaucoup de ses pareils, tranquillement regagné les rivages d'Europe ; j'ai rencontré dans la forêt des vieillards presque et des enfants, lamentables troupeaux de « travailleurs volontaires » que, corde au cou, du fond de l'Uélé on expédiait à Stanleyville d'où ils ne reviendront jamais ; bien mieux, j'ai vu des bandes d'enfants qui eux avaient la chance cependant de n'être pas sujets de l'Etat puisqu'ils étaient originaires de l'Enclave de Lado, arrachés eux aussi à leurs parents et trainés, eux aussi, chaîne au cou, dans le Bas-Congo pour y être soldats «volontaires». Je ne pense pas que ces levées de troupes dans l'Enclave soient autorisées par les traités : tel était l'avis de hauts fonctionnaires auxquels j'ai soumis la question ; je serais curieux de connaître sur ce point l'opinion de M. le Consul de sa Majesté Britannique.

» Et ces vieillards et ces enfants ayant entendu dire que j'étais juge, ayant de la justice une idée très élevée, bien différente de celle qu'en a l'Etat, croyant que la justice doit protéger les opprimés, empêcher les iniquités de se commettre, ces vieillards et ces enfants venaient à moi, m'imploraient me disant : « Quel crime avons-nous donc commis ? Nous n'avons tué personne, nous n'avons pas volé, pourquoi nous a-t-on enlevés de nos villages, arrachés des bras de nos parents ? pourquoi nous a-t-on mis une corde au cou ? où nous conduit-on ? » Et je ne pouvais que leur répondre : « C'est la civilisation : vous deviendrez chair à C T C : vous, travailleurs, vous construirez un chemin de fer pour transporter le C T C et vous mourrez à la peine ; vous soldats, vous irez pacifiquement, avec vos albini, encourager au travail vos frères noirs récalcitrants.

» Voilà la puissance du juge et soyez heureux encore si votre cornac ne vous caresse pas l'échine de sa chicotte pour avoir eu l'audace de me parler : c'est ce qui arriva à une douzaine de braves soldats qui m'avaient demandé d'intervenir afin qu'on les payât autrement qu'en ferrailles et cadenas : on leur administra 50 coups de chicotte, et comme peu satisfaits, ils voulaient revenir chez moi, un fou furieux se mit à leur poursuite en clamant à ses boys « Apeci bonduki ! apeci bonduki », et si on lui eût remit son fusil, il les aurait tués comme des lapins. Ce grand chef affirma après que nous serions massacrés la nuit suivante. Ne vous exposez pas au même danger que ces soldats, fuyez le juge, il n'est ici que pour être regardé de loin. » Et je les quittai, ils s'en allèrent à la mort.

» Vous dirai-je que j'ai connu dans tous ses détails la pitoyable aventure du brave C⁺ Cabra qui faillit avoir une issue tragique. Il avait un jour exprimé son opinion au sujet de certains prospectus adressés à ses courtiers par le gérant d'une importante fabrique de C T C. Il sut ce qu'il en coûte de toucher au C T C. Si je voulais vous narrer tous les traits édifiants que je connais, si je voulais vous raconter comment les gens chargés de lever le tribut, chargés aussi de civiliser et de moraliser les sauvages, s'acquittent de leur mission, il me faudrait des volumes. Qu'il me suffise de vous dire que les détails que m'ont fournis hommes et femmes sur la morale spéciale que leur inculquent les instituteurs de l'Etat sont tellement savoureux que je ne me permettrais pas de vous les exposer. Sous ce rapport l'instruction et l'éducation de l'indigène ont été complètes dans tous les districts, les maîtres d'école ont partout fait usage du même manuel. »

S. LEFRANC

Juge.

ettre adressée le 3 Mars 1908, à M. le Secrétaire-Général des Affaires Étrangères à l'État du Congo à Bruxelles.

« Conformément au désir que vous m'avez manifesté lors d'un récent ntretien, j'ai l'honneur de vous faire connaître les satisfactions aux-elles je crois avoir strictement droit de la part de l'État.

» Pour les motifs énumérés dans la lettre qu'à la date du 25 Septembre rnier, j'adressai à M. le Gouverneur Général et que celui-ci vous a com-uniquée, j'estime que je me suis trouvé dans l'impossibilité matérielle morale d'achever mon terme. Matériellement, grâce à la négligence des s, au mauvais vouloir des autres, j'étais dépourvu de tout ce que l'État tait engagé à me fournir ; moralement, j'étais, en ma qualité de juge, ectateur, passif, impuissant des pires abus, abus inhérents au régime et e les soi-disant réformes ont aggravés loin d'y porter remède.

» Il ne pouvait en être autrement puisque le principe, base des prétendues formes, était que la production du caoutchouc ne devait pas diminuer.

» Je ne pouvais en conscience collaborer plus longtemps à l'œuvre faste qui depuis tant d'années s'accomplit en cet infortuné pays et que, algré ses protestations publiques, le Gouvernement est fermement résolu consommer ainsi que j'ai eu le regret de le constater ; ma seule présence nstituait un acte de complicité.

» Dans ces conditions je réclame le payement intégral de 2 années de aitement ainsi que l'allocation de retraite qui m'eût été versée à l'expi-tion de mon terme.

» Je vous laisse le soin de fixer équitablement le montant de l'indemnité i m'est due à l'effet de me dédommager des frais et ennuis de tous res que j'ai eu à subir par suite de la privation de ravitaillement et subside pour achat de vivres, la ridiculement dérisoire somme de 50 ntimes que l'État alloue en marchandises ne valant pas deux sous, tant qu'un simulacre destiné à couvrir le vol et l'extorsion ».

S. LEFRANC
Juge

Polémique engagée avec les Valets de Boula-Matari.

(C'est à propos de cette lettre que le XXme *Siècle* commença à m'attaquer. Officiel des négriers, ayant autant que ses maîtres, horreur de la lumière, il se garda bien de publier les réponses que je lui adressai et que voici :

« Liége, le 16 Avril 1908.

» Monsieur le Rédacteur en chef du XXme *Siècle*,

» Permettez-moi d'abord de vous remercier de la gracieuseté que vous me faites en m'ouvrant les colonnes de votre si estimable journal.

» Inutile de le dire, tout le monde le sait, le XXme *Siècle*, est un journal catholique, rien que catholique. Il est indépendant de toutes les coteries, il ignore les mesquines intrigues des ministrables et des aspirants aux baronnies et aux emplois lucratifs, il ne touche à aucune caisse ; il défend la vérité, il fustige le vice, il exalte la vertu. Il ne quémande ni honneurs, ni argent : la satisfaction que lui procure l'accomplissement de la haute et noble mission de défendre son Dieu et son Roi, lui suffit ; ce qu'il dit a du poids.

» Rechercher la vérité afin de la distribuer à vos innombrables lecteurs, étant votre unique souci, je ne doute pas, Monsieur le Rédacteur en chef, que vous ne vous empressiez de publier les quelques lignes que je vous envoie en réponse à l'article « Héros à bon marché !... » qui, dans le XXme *Siècle* du 15 courant, figure à la première page.

» Je serai aussi bref que possible afin de ne pas excéder de ma pauvre prose de collégien, votre clientèle à laquelle vous ne servez que des articles écrits en style académique, ce qui est universellement connu.

» Vous me reprochez d'avoir sollicité galons et solde supplémentaires. C'est vraisemblablement l'Etat Indépendant qui, connaissant votre dévouement à sa cause, vous a confié ce secret. Auriez-vous l'obligeance de demander à l'Etat, communication des lettres par lesquelles je sollicite des galons supplémentaires ? L'Etat m'a, après un premier terme, accordé comme il l'accorde à n'importe quel agent indemne de condamnations, l'Etoile de service à une raie ; après mon deuxième terme j'ai eu la seconde raie ; c'est tout. L'Etat n'aurait pas pu me refuser cette décoration que, d'ailleurs, je n'exhibe jamais, sans faire connaître les motifs de son refus et il n'aurait pas osé déclarer que s'il me privait de cette faveur c'était parce que je n'avais pas voulu être complice de ses iniquités. Il me manifesta d'autre façon sa malveillance. Du Stantey-Pool où j'avais découvert pas mal de vilaines histoires, où j'étais sur les traces de plus vilaines encore, il m'expédia en disgrâce à l'Equateur et il me frustra de l'augmentation de traitement accordée à tous les magistrats après une année de service. Cette augmentation je la réclamai ; c'était mon droit, car j'avais travaillé autant et plus que beaucoup d'autres, et je n'avais pas comme beaucoup d'autres, discrédité la magistrature par des polissonneries de tous genres. Mon seul crime, crime impardonnable aux yeux de ces marchands de chair humaine, c'était d'avoir voulu réprimer d'odieux abus et d'avoir dénoncé les brigandages de certains courtiers en caoutchouc. On me déplaça, on classa mes dossiers et on dédommagea les zélés et courageux fabricants de caoutchouc des ennuis que je leur avais causés.

» Au cours de mon second terme je remplis les fonctions de substitut à Boma ; durant plusieurs mois je les cumulais avec celles de Procureur d'Etat. C'était à l'époque de la Commission d'Enquête ; ordre avait été donné aux substituts d'ouvrir les yeux ; auparavant pour être bien noté il fallait généralement les fermer. Les dossiers pullulaient. Je siégeai en qualité de ministère public, soit en première instance, soit en appel dans une quinzaine d'affaires à charge d'Européens. Les débats de chacune de ces affaires durèrent huit jours, quinze jours ou même plus.

» Mes réquisitoires ne plaisaient pas, je le sais. Néanmoins on dut reconnaître que j'avais, au cours de ces deux années, fourni une somme énorme de travail. Lorsque je revins à Bruxelles je réclamai de nouveau réparation du dommage qui m'avait été causé à mon premier terme. On se décida alors à me restituer les mille francs indûment retenus, mais en déclarant que c'était à titre de gratification.

» Mais j'y pense peut-être, faites-vous allusion à la lettre qu'à la date du 25 septembre dernier j'adressai à M. le Gouverneur Général. S'il en est ainsi je vous serai très reconnaissant si vous voulez bien la mettre sous les yeux de vos lecteurs. Vous pourrez la faire suivre d'une autre lettre envoyée le 3 mars dernier à M. le Secrétaire Général des Affaires étrangères (voir cette lettre plus haut).

» Vous prétendez que j'ouvre la bouche trop tard, alors que mes coffresforts regorgent d'or sanglant, alors que mes révélations inutiles aux indigènes sont sans danger pour moi. Vous faites erreur. Je n'ai jamais eu peur de parler et les ennuis de tous genres que j'eus à subir dès le jour de mon arrivée au Congo provinrent de ma franchise et de mon manque absolu de souplesse. J'ai toujours dit et écrit ce que je pensais, j'en donnerai des preuves et si l'Etat veut ouvrir au public les dossiers de la Commission d'Enquête, on verra que j'ai été du petit nombre des fonctionnaires qui ont osé exprimer carrément leur pensée et fournir des documents établissant que le régime congolais se résumait en deux mots : massacres et esclavage : c'est ce dont étaient bien pénétrés, je pense, les membres de la Commission d'Enquête lorsqu'ils eurent terminé leur inspection. Ce n'est pas ma faute si l'Etat, au lieu de livrer ces documents à la publicité les a enfouis dans ses tiroirs ou les a brûlés comme ses budgets.

» De l'or sanglant, je vous assure qu'il m'en reste très peu aux doigts ; je n'étais pas un complaisant et si l'on veut vous communiquer l'échelle des traitements, vous verrez que je n'étais pas privilégié. De plus, en abandonnant mon poste avant la fin de mon terme et en publiant ces lettres, je me suis exposé au danger de perdre le plus clair de mes bénéfices, au danger encore de ne jamais obtenir une place dans la magistrature belge.

» Vous voyez que je ne suis pas un héros à si bon marché.

» Enfin mes divulgations ne sont pas inutiles ; elles pourront dessiller les yeux de quelques aveugles, faire comprendre que ce serait une honte pour la Belgique que d'offrir des hommages nationaux à des gens qui, dans la boue et dans le sang, ont récolté un nombre incalculable de millions, que ce n'est pas au moment où un milliard, plus peut-être, sera nécessaire pour réparer les iniquités du régime précédent que l'on doit gaspiller sottement un argent fou.

» Mes révélations pourront encore, et ceci est le point capital, démontrer que la première condition pour que la réprise amène une amélioration du sort des indigènes c'est que, des patrons actuels, la plupart soient mis à la porte, les autres solidement muselés, qu'en un mot la Belgique soit maîtresse au Congo et non plus les bandits qui l'ont exploité jusqu'à présent.

» Un mot encore ; si j'avais parlé avant d'avoir vu les réformes on aurait clamé que ce dont je parlais était de l'histoire ancienne. C'est pour ce motif que, renonçant à postuler en Belgique un siège de magistrat que l'on m'offrait, je suis retourné une troisième fois au Congo.

» J'ai peut-être dépassé la limite de mes droits, je suis cependant convaincu que vous n'hésiterez pas, par amour de la vérité, à publier cette lettre *in extenso*. »

« Liége, le 13 mai 1908.

» Monsieur le rédacteur en chef du *XX' Siècle*,

» Ma lettre du 3 mars publiée par un journal congophobe débute par cette phrase : « J'ai l'honneur de vous faire connaître les satisfactions auxquelles je crois avoir strictement droit de la part de l'Etat ». Il me semble que cette phrase disait assez clairement au public que ma lettre était une lettre de réclamation. Voici du reste la première partie de cette lettre que, jusqu'à présent, vous avez eu soin de cacher à vos lecteurs (voir ma lettre du 3 mars 1908 à M. le Secrétaire général des Affaires Etrangères).

» Lorsque je me présentai à l'Etat à Bruxelles, on me pria de faire savoir officiellement quelles étaient mes prétentions. Je connaissais trop l'Etat pour ne pas comprendre que c'était là un traquenard ; je ne doutai pas un instant que ce ne fût dans le but d'en user contre moi qu'on sollicitait un écrit. Je n'hésitai cependant pas à adresser la réclamation ci-dessus. Je tenais à affirmer mon droit, à dire aux Grands Chefs eux-mêmes ce que je pensais de leur boutique et à bien établir que si j'avais quitté mon poste avant l'achèvement de mon terme, la responsabilité en incombait à l'Etat.

» C'est d'ailleurs, ce que j'expliquais plus longuement dans la lettre qu'à la date du 25 septembre 1907, j'envoyais de Niangara à M. le Gouverneur Général à Boma et qui prouve que même étant au Congo je n'avais pas peur de dire la vérité.

» A mon retour je cherchai à entrer en relation avec quelques-uns de ceux qui élaboraient traité de reprise et charte coloniale. Je m'imaginais pouvoir leur fournir d'utiles renseignements. Dès mon arrivée en Belgique, je fis des démarches dans ce but. Lorsque je connus le résultat de leurs travaux, il m'apparut clairement que la roublardise de l'Etat du Congo triomphait une fois de plus. Je me décidai à crier publiquement ce que j'aurais autant aimé ne révéler qu'à certains dirigeants.

» Voilà pourquoi mes articles ont commencé à paraître au moment où les débats s'ouvraient au Parlement. Avant de publier mon premier article je ne me suis pas même enquis de la suite que l'Etat donnerait à ma réclamation. J'aurais certainement pu le faire puisque c'était à la demande de l'Etat que j'avais adressé cette réclamation et que, par conséquent, il devait y répondre, soit affirmativement soit négativement. Quand donc vous écrivez « après avoir réclamé vainement », vous écrivez une chose fausse, car je n'ai reçu de réponse ni dans un sens, ni dans l'autre. Personne au surplus ne croira que l'Etat si généreux, si libéral à l'égard de ceux qui chantent ses louanges, — voir les comptes du Bureau de la Presse, — eût, si je l'avais voulu, hésité à me fermer la bouche en m'accordant ce que je demandais. Mais comme je vous le disais dans mon droit de réponse du 16 avril que vous avez refusé d'insérer « en abandonnant mon poste avant la fin de mon terme et en publiant ces lettres, je me suis exposé au danger de perdre le plus clair de mes bénéfices, au danger encore de ne jamais obtenir une place dans la magistrature belge ». Je ne regrette rien.

» Enfin ma lettre du 3 mars me gênait tellement peu, que je l'ai moi-même communiquée in-extenso à certaines personnes que vous connaissez probablement. Et puis tout le monde comprendra que ce n'est pas sur ce ton que l'on écrit lorsqu'on sollicite des faveurs ainsi que vous l'avez prétendu.

» Je vous remercie de vos attaques : elles prouvent que mon témoignage gêne les coquins. Efforcez-vous de l'annihiler en me représentant comme un mercanti, peu m'importe et j'espère même ne plus me donner la peine de vous répondre. Après les élections, je recommencerai, regrettant l'impossibilité où je suis de le faire actuellement, à dépeindre tel qu'il a été, tel qu'il est encore aujourd'hui, le Régime Congolais que vous admirez, et que vous défendez avec un si noble désintéressement.

» Je vous requiers d'insérer cette lettre dans le prochain numéro du *XXe Siècle* ».

Ce que disent les Missionnaires

Rien, à mon avis, ne manifeste mieux l'influence délétère exercée même en Belgique, par l'exécrable politique des négriers, que les éloges dithyrambiques, décernés par la presse stipendiée à ceux qui, comme elle, se sont établis thuriféraires des traitants congolais.

A des individus célèbres et tristement célèbres, par leurs palinodies éhontées, on élève des statues. Avec une impudence déroutante, on clame que ces gens, que leur élasticité désignait pour le métier de clown, plutôt que pour celui de pilote de nation, sont la gloire et l'honneur de leur parti.

Ce cynisme est naturel, est même indispensable aux valets des patrons de cette immonde boutique qui ne s'est fondée et ne s'est soutenue que par l'hypocrisie et le mensonge.

Leur avilissement, ils le connaissent mieux que qui que ce soit.

Ce n'est donc pas pour ces amants des ténèbres que j'écris, mais pour ceux que cette monumentale audace peut induire en erreur.

Et voici que précisément m'arrive du Congo une lettre dans laquelle est admirablement dépeint l'état des esprits en ce qui concerne le Congo. Je ne résiste pas au plaisir d'en donner quelques extraits :

« X. Mars 1908.

» Mon cher Monsieur Lefranc,

» J'ai été heureux de recevoir vos lettres. Les ennuis ont été nuls, dites-vous ; bien au contraire, ce lamentable concours de circonstances qui vous ont dicté votre résolution a navré le cœur de ceux qui, avec le plus noble désintéressement, ne cherchent que le bien du noir. Tout cela ne m'étonne pas ; je m'y attendais, qui s'y frotte, s'y pique. Mais enfin vous voilà bien arrivé dans le pays et je me figure la difficulté que vous éprouvez à trouver à qui parler pour faire un peu de lumière. Le monde veut être trompé. L'opinion publique en Belgique me semble se résumer en ceci : laissez-moi la paix, que d'autres s'occupent du Congo ; quant à moi je préfère ne pas m'en occuper. Renseignez les gens sur quelque point, ils vous exprimeront leur étonnement. Dites-leur alors que cet étonnement vous surprend puisqu'ils ont entendu et lu cela des dizaines de fois, ils vous donneront raison et allègueront comme motif qu'ils ont pensé ne pas devoir s'y arrêter.

» Nous nous trouvons devant un mal qu'humainement parlant, je trouve sans remède. **Personne ne veut être mis au courant, les uns par intérêt, les autres par inconscience.** Il faudra que le Bon Dieu s'en mêle...

» Ici nous travaillons pour le Bon Dieu en travaillant pour les noirs et dès lors nous nous consolons de bien des déboires...

» Nous redoublons d'efforts pour mettre en culture tous ce que nous avons et récolter des patates douces et du manioc, car **avec la terrible mortalité qui enlève tous les indigènes des villages, c'est à se demander comment nous pourrons d'ici à peu de temps ravitailler notre monde** ».

Cette lettre émane d'un éminent religieux qui depuis longtemps se consacre à l'évangélisation des noirs. Ce qu'elle dit, presque tous les missionnaires avec lesquels j'ai été en rapport me l'ont répété en m'encourageant à rompre enfin le silence et à lever le voile que la corruption sous toutes ses formes est, jusqu'à présent parvenue à tenir baissé.

Je suis tout disposé à donner le nom de mon correspondant à l'autorité religieuse, à Monseigneur l'Archevêque de Malines par exemple. On admettra peut-être, alors, que j'ai eu raison d'intervenir dans le débat.

Qu'après cela on m'accuse d'être vendu aux marchands de Liverpool ou d'ailleurs, que l'on m'accuse de m'être gorgé d'or sanglant, d'avoir, au lieu de rendre la justice, exercé le métier de courtier en caoutchouc, d'avoir, comme tant d'autres, volé, pillé massacré, violé, torturé hommes, femmes et enfants, je ne vois pas en quoi toutes ces accusations dispenseraient ceux qui ont l'obligation de s'éclairer, d'examiner si mes déclarations sont vraies, si, dans l'affirmative, il y a lieu de prendre rapidement les mesures les plus radicales en vue de couper court aux atrocités qui se perpètrent là-bas sous le couvert de la civilisation, si dans ce but, il est indispensable de museler les fauves encore assoiffés d'or et de sang, de rechercher enfin les moyens de réparer les iniquités sans nombre commises en ces infortunées régions, à l'immense dam du nom Belge.

C'est ce qui ressort mieux encore d'une autre lettre que voici :

« Il paraît d'après un télégramme qu'on dit être arrivé au Congo que l'accord s'est fait enfin entre le Roi et la Belgique au sujet de la reprise du Congo. Tout ce que la Belgique voudra payer de ce chef au Roi, doit être considéré comme un cadeau pur et simple. Le Congo n'est pas un pays producteur. Il est vrai qu'il produit du caoutchouc. Oui et en dehors de cela quoi ??? Rien. Et quant au caoutchouc, primo, combien de temps les hauts prix se maintiendront-ils ? N'y a-t-il pas à craindre la concurrence ? Secundo, on supprimera, dit-on, tout travail forcé. Cela étant, le noir ne fera plus de caoutchouc. Pour qui voudra gouverner le Congo et l'administrer selon les règles de la justice, le Congo sera pour bien longtemps encore un éléphant blanc. Nous n'avons cessé de le dire et de l'écrire, mais on ne veut pas écouter. Qu'arrivera-t-il ? Ce que nous ne cessons de répéter à tous ceux qui ont le droit d'être informés, mais n'y tiennent pas pour le moment, que le Congo coûtera les yeux de la tête à la Belgique. Qu'arrivera-t-il encore ? On finira par voir de ses propres yeux, que ce que nous n'avons cessé de dire est vrai. Et on se fâchera contre qui ? Contre les missionnaires qui n'ont pas parlé. Tas d'imbéciles et de gens intéressés ! Prenez-vous en à vous-mêmes et n'allez pas continuer cette odieuse comédie qui vous a permis de remplir vos poches et quand vous ne pouvez plus les remplir, de vous amuser à salir la réputation de ceux seuls qui se sont sacrifiés à la civilisation. Tas d'hypocrites qui ne cherchez qu'à tromper l'opinion publique. Mais nous aurons beau nous indigner : cela s'est toujours vu et cela se verra toujours, le monde veut être trompé. »

Un autre religieux m'écrivait :

« J'ai vu votre article du *Patriote* !Proficiat ! C'est une bonne action de défendre les pauvres, les faibles, les opprimés. Si j'avais vu ce que vous avez vu, je parlerais comme vous. Vous avez raison, à mon avis. On devrait délibérer sur ce qu'on doit voter de millions pour réparer le mal commis; rendre aux indigènes leurs droits usagers, les délivrer de la loi de quarante heures de travail, bonne pour étrangler légalement un peuple ; les protéger et les civiliser et non pas les exploiter...

» La reprise du Congo dans ces formes me fait peur ; je préférerais le *statu quo* pendant encore une dizaine d'années pour amender si tant est que cela est possible dans ces conditions. »

Je livre ces textes aux méditations des honnêtes gens qui, je le

crois, forment encore la majorité du Parlement. Je leur demande
s'ils ne doivent pas accorder plus de crédit à ces déclarations de
vaillants missionnaires qui depuis longtemps vivent au milieu
des noirs, qu'aux insanités, aux impudents mensonges de quelques charlatans administrateurs de chemins de fer ou de mines,
et plats valets des bourreaux du Congo.

Encore des témoignages.

La tactique des négriers a toujours consisté à présenter les
thuriféraires du régime léopoldien comme des héros et à vilipen-
der quiconque se permettait de dévoiler les turpitudes, les crimes
de cet exécrable régime. Je crois donc indispensable de rapporter
encore quelques appréciations d'hommes dont on n'osera pas
révoquer en doute le témoignage et qui, en termes peut-être moins
vifs que ceux employés par moi, présentent cependant la situation à peu près sous le même jour.

Il va de soi que ni maintenant, ni par la suite, je ne donnerai
de noms. Je connais trop les procédés des dirigeants et de leurs
valets pour exposer qui que ce soit à leur implacable vengeance.

D'un autre côté je ne veux pas que l'on puisse me soupçonner
de duperie ou de mensonge. Si donc, jugeant mes révélations
suffisamment intéressantes, cinq ou six députés désireux de con-
trôler mes assertions, me demandaient de comparaître devant
eux, je n'hésiterais pas à leur exhiber mes documents et à leur
citer mes auteurs, moyennant engagement formel de ne rien
dévoiler de ce qui pourrait compromettre des tiers. Il ne serait
ainsi plus possible de contester la véridicité de mes allégations.

Ceci dit, voici l'extrait d'une lettre que m'adressait en 1901, un
religieux qui depuis plusieurs années se dévouait à l'évangélisation des noirs :

« Je suppose que les indigènes ne sont pas taillables et corvéables à
merci comme le feraient croire les agissements de certains commissaires de
district. Je proteste tout d'abord contre l'enrôlement « forcé » des travail-

leurs et à plus forte raison celui des enfants pour l'exploitation de... Je proteste aussi contre l'impôt du caoutchouc qu'aucun décret ne règle, ni ne réglemente. Je proteste contre les dispersions si fréquentes des villages indigènes dues à la présence des soldats envoyés pour y faire des otages à temps et à contre-temps. Je proteste contre la corvée « excessive » de fourniture de chikwangues imposée à des villages situés à dix heures de marche de... et davantage. On me dira que ces villages ont demandé eux-mêmes à pouvoir livrer des vivres à... Je le sais, mais ils ont fait cette demande pour échapper à la corvée plus terrible encore du caoutchouc. Je proteste contre le commerce que fait l'État. Qu'il abandonne le commerce aux particuliers...

« Le pays se dépeuple. Il a été décimé et plus par le portage. Au lieu de lui permettre de se refaire un peu et de multiplier les ressources naturelles par les cultures et l'élevage, on en achèvera le dépeuplement par des corvées excessives. Que les indigènes, « quand ils le pourront », paient un certain tribut à l'État, c'est juste ; mais en ce moment que l'État permette au pays de se refaire et y concoure ».

Voici un extrait, d'une lettre du même religieux, datée de 1903 :

« Il y a certains Messieurs qui n'aiment pas de nous voir arriver. Le missionnaire civilisateur et protecteur des noirs, c'est l'ennemi. Il faudra bien cependant que ces Messieurs s'habituent à notre présence. Du reste, dans les limites du juste et de l'équitable, ils peuvent compter sur notre concours. Nous ne venons pas leur faire la concurrence. A eux, le caoutchouc et l'ivoire : à nous l'évangélisation et la civilisation : les âmes ».

En 1902 un autre religieux m'écrivait :

«....... Que si dans vos délicates fonctions vous ne rencontrez pas toujours de la part des hommes l'encouragement que vous seriez en droit d'attendre d'eux, vous pouvez au moins dès à présent vous rendre le témoignage d'avoir réalisé un grand bien dans ce pays et cela, non seulement dans l'intérêt des indigènes auxquels vous avez montré en quoi consiste la vraie civilisation chrétienne, mais à d'autres également qui, malgré eux peut-être, ont appris tout ce qu'il y a de révoltant dans leur système de prétendue civilisation ».

Je citerai encore cette phrase du même auteur que la citation précédente : elle a été écrite en 1903 :

« Malgré tout ce qu'il y a de mauvais en Europe, les bons y sont encore assez nombreux : ici, vous le savez, ils ne forment que des unités ».

Voici maintenant esquissée par un très honorable fonctionnaire de l'Etat, la civilisation telle que le patron d'Arlequin l'a perpétrée au Congo. Après avoir silhouetté, de façon fort peu flatteuse, les agents de son poste, le fonctionnaire en question poursuit :

« On annonce l'arrivée prochaine de nouveaux agents ; que vaudront-ils ? Point d'interrogation. Mais vu le nombre de crapules qu'il y a au Congo, j'ai bien peur qu'ils en soient aussi…. Je sais maintenant ce que c'est qu'une colonie : un ramassis de canailles et de gens sans aucune moralité, exécutant des ordres infâmes venant des hautes sphères où trônent de plus grandes canailles encore, canailles doublées au surplus d'une fourberie toute judaïque.

» Il y a évidemment des exceptions : j'en ai vu de très honorables. Quant à la civilisation ! ah ! ah ! on n'en connaît même pas le mot. Caoutchouc, ivoire et femme et puis bonsoir. Mais pardon, comme si je devais vous apprendre cela. »

Suivent à l'adresse de certains magistrats quelques critiques que je ne puis reproduire et dont les intéressés et l'Etat seraient d'autant moins fiers, qu'elles sont mieux fondées.

La Légende des mains coupées.

Périodiquement les scribes du Bureau de la Presse publient sous ce titre quelques articles indignés à l'adresse des misérables qui osent accuser de pareilles atrocités les courtiers en caoutchouc délégués à la civilisation. Ces articles font sourire tous ceux qui ont séjourné au Congo ; parfois l'impudence des panégyristes de Boula Matari les irrite. Récemment un des apologistes les mieux rétribués de la boutique congolaise tarabustait en ces termes un député coupable d'avoir évoqué le souvenir de ces horreurs :

« En vérité, il est déplorable que l'on réédite encore à la chambre d'absurdes légendes cent fois démenties et pour la propagation desquelles, remarquons-le en passant, certaines feuilles socialistes ont été sévèrement condamnées par les tribunaux.

» La légende des mains coupées est une indigne calomnie, que des Belges devraient rougir de ramasser dans la boue pour essayer d'en éclabousser nos héroïques soldats ! »

Il paraîtrait qu'aux clameurs poussées par ses collègues, le député plongea sous son banc : il se redressera, je l'espère. La lettre suivante l'y incitera et elle prouvera à nos Honorables qu'ils ont eu tort de hurler lorsqu'un membre de la Chambre proféra cette monstruosité qui demain sera un fait incontesté : « les Arabes n'étaient pas aussi cruels à l'égard des nègres que les blancs... les Arabes ne coupaient pas de mains.

Cette lettre démontrera aussi que les tribunaux qui ont condamné certaines feuilles socialistes, ont commis une erreur.

Voici la lettre en question :

« Paris, le 13 avril 1908.

» Monsieur S. Lefranc,

» Je viens de lire avec plaisir vos deux premières lettres parues dans le journal le « Patriote » et dans lesquelles vous promettez au public belge de lui dévoiler les abominations dont l'Afrique centrale a été et est encore le théâtre.

» Permettez à un ex-petit serviteur de l'Etat du Congo d'applaudir des deux mains à votre belle et noble entreprise. Je vous souhaite de tout cœur de réussir là où tant d'autres semblent avoir échoué, mais vaincus, momentanément seulement, par l'or corrupteur répandu à pleines mains par ceux qui avaient tout intérêt à étouffer la vérité qui voulait se faire jour. J'espère que vous aurez plus de succès que vos prédécesseurs et que vous parviendrez à vous faire entendre par ceux-là qui, malgré les révélations monstrueuses de la Commission, d'enquête, des missionnaires anglais et du commandant Lemaire, persistent à rester sourds et aveugles devant la réalité des faits et ne veulent voir dans ces révélations qu'une campagne hostilement menée contre l'Etat du Congo au profit des Anglais. Quelle invraisemblance ! Eh bien ! moi aussi j'ai vu, j'ai même été acteur dans l'horrible drame qui s'est joué et se joue encore là-bas, dans les ténèbres de la grande forêt vierge. Qu'il me soit donc permis de dire que tous ceux qui ont vu et qui savent, les missionnaires anglais et tous les gens de cœur, ne pouvaient pas ne pas s'élever hautement contre le régime congolais tel qu'il existe depuis 1895. Ce régime qui dure encore, hélas ! si on n'y met le holà, fera disparaître la main-d'œuvre si nécessaire au développement de ce riche pays, car ce sera la destruction à brève échéance de la race noire. Ce régime fera aussi honnir à jamais le nom de Belge.

» Il est donc grand temps qu'un homme courageux et qualifié comme vous l'êtes se lève et dise : « Belges, voilà la vérité. Reprenez conscience de vous-mêmes et à bas les masques. Peut-être pourrez-vous, à force de patience et de bonté, faire oublier aux malheureuses populations du Congo décimées par tant de crimes, le sang versé si inutilement et si impunément .

» En lançant vos accusations, vous avez bien mérité de la Patrie et de l'humanité. Que cela vous suffise, mon cher Monsieur, pour vous encourager à dire la vérité, toute la vérité. Tant pis pour les monstres à face humaine qui se sont gorgés de l'or rougi du sang de milliers de nègres.

» Je n'ai pas eu les moyens d'agir personnellement et je ne les possède pas encore, c'est pourquoi je me félicite de votre initiative qui me permettra de vous fournir s'il en est besoin tous les renseignements dont vous pourriez avoir besoin pour démasquer les coupables. Aussi, je joins à cette lettre la copie d'une autre que j'adressai au mois de novembre 1907 à l'honorable M. Woeste, pour le mettre en garde contre les cerbères de la négrerie. Vous ferez de cette lettre tel usage qu'il vous semblera bon; j'en prends la responsabilité, pourvu que la vérité, déjà trop longtemps cachée, apparaisse éclatante, même aux yeux les plus prévenus.

» Comme vous, cher Monsieur, j'ai vécu trois ans au district de l'Equateur, en qualité de premier sous-officier. J'ai été placé aux premières loges et je suis même quelquefois descendu sur la scène, malheureusement ! Mais, rassurez-vous, je n'ai fait ni couper des mains, ni fait échanger de la chair humaine fumée contre du caoutchouc. Non, jamais de la vie je n'ai fait un pareil métier. Mais il n'est que trop vrai, et je pourrais encore en faire la preuve, CE MÉTIER S'EST FAIT, AU VU ET AU SU DES AUTORITÉS RESPONSABLES, mais trop intéressées pour en dire un mot.

» Je puis même dire que j'ai été la cause indirecte si vous voulez, que ces pratiques par trop barbares ont cessé d'être pratiquées là où je résidais. Partout, soit à l'Equateur, soit dans la Mongala où j'ai vu commettre des abominations je n'ai jamais craint, quoique je ne fusse pas sans ignorer ce qu'il m'en coûterait, d'en faire respectueusement la remarque à mes chefs en leur disant que je ne me ferais jamais le complice conscient de leurs crimes. Aussi comme je l'avais prévu, je fus noté en conséquence. Je ne fus, ni nommé à un grade supérieur, ni décoré BIEN QUE JE NE FUSSE JAMAIS PUNI. Je me suis facilement consolé, car j'avais compris que, si jadis, on mettait les assassins et les voleurs sur les croix, de nos jours le Souverain du Congo avait changé tout cela en mettant les croix sur les voleurs et les assassins.

Mais je ne me suis pas contenté étant au continent noir, oh combien ! de réprouver la façon ignoble dont on civilisait ces pauvres nègres, car aussitôt rentré en Europe en 1902, ayant eu l'honneur d'être reçu par un général, beau-frère d'un administrateur de la S. C. A., je lui ai dit tout crûment les atrocités que j'avais, impuissant, vu commettre pendant mon séjour au pays du caoutchouc. Ce général, homme de cœur s'il en fût, comprenant alors toute l'importance de mes révélations, me pria de me taire, ce que, en soldat discipliné, je fis. Je me suis donc tu jusqu'au jour où, revenu de la Mongala où j'avais vu pire encore, j'ai écrit à M. Wœste, la lettre que vous avez sous les yeux. Voilà tout ce que j'ai pu faire jusqu'à ce jour. C'est peu, mais au moins j'ai soulagé ma conscience et je suis tranquille. D'autres auront le remords s'ils continuent à se taire.

Je n'ai pas eu l'honneur de vous connaître là-bas à l'Equateur, mais j'ai eu l'avantage d'entendre parler de vous par des officiers massacreurs et des courtiers assassins et, je ne vous le cache pas, ce n'était pas en termes flatteurs. C'est ce qui fit que, sans vous connaître, je vous pris de suite en estime ainsi qu'un de vos collègues, M. Lund, substitut à Nouvelle-Anvers. Tous deux vous étiez considérés par les plats valets du Congo comme des gêneurs, des personnages ne valant pas la corde pour les pendre, mettant des bâtons dans les roues, etc., que sais-je encore. En un mot, vous n'étiez pas de bons juges. Quelle ironie !

Mais malgré toute votre bonne volonté, que pouviez-vous faire contre la meute aux appétits féroces et déchaînés ? Rien, j'en sais quelque chose par expérience. Vous pouvez donc être fier de ne pas les avoir pour amis.

Pour finir cette lettre déjà trop longue, permettez-moi encore de vous crier courage, courage ! Vous serez suivi et la vérité sortira du puits profond où elle a été tenue enfermée jusqu'aujourd'hui.

L'œuvre néfaste accomplie au Congo depuis 1895 jusqu'à nos jours sous le couvert de la civilisation et au nom de l'humanité et que je qualifie sans craindre de me tromper en deux mots : extermination des nègres, prendra fin et ce sera à votre honneur. Courage donc et persistez dans l'œuvre commencée.

Quoi qu'il arrive, je suis prêt à apporter ma contribution aussi faible qu'elle soit à votre généreuse entreprise pour faire éclater la vérité et rendre à cette race trois fois malheureuse, la réparation qui lui est due.

Pour votre gouverne, j'ai servi au 2e Guides, en qualité de 1er maréchal des logis ; je fus décoré de la médaille militaire pour mes bons services.

J'ai passé six années au Congo, dont quatre pour l'Etat et deux pour la S. C. A.

Je possède des lettres élogieuses de mes chefs, tant de Belgique que du Congo.

J'ai l'honneur d'être votre dévoué serviteur.

J'ai vu le signataire de cette lettre. Il a, comme il l'écrit, été premier maréchal des logis au 2e Guides ; il est décoré de la médaille militaire, ce qui, pour un volontaire, démontre qu'il a été d'une conduite exemplaire : il possède d'autres certificats élogieux qu'il a bien voulu me confier.

Voici la lettre adressée à M. Woeste :

2 novembre 1907.

Monsieur Woeste,

Je lis dans la *Tribune Congolaise* d'aujourd'hui, qu'au cours de la séance de la Commission Coloniale de samedi dernier, vous avez dit : « Je n'admets pas qu'on puisse considérer comme vérité d'Evangile tout ce que contient le rapport de la Commission d'enquête. Les membres ont parcouru un immense pays ».

En ma qualité de citoyen belge, d'ex-serviteur de l'Etat du Congo et aussi d'amant de la vérité, laissez-moi dire que le rapport de la Commission d'enquête que j'ai lu et relu est encore beaucoup en-dessous de la vérité. JE LE DIS ET JE VEUX LE PROUVER, SI L'ON DÉSIGNE UNE NOUVELLE COMMISSION D'ENQUÊTE.

Permettez-moi de vous citer quelques faits dont j'ai été le témoin oculaire et dont la Commission d'enquête n'a certes pas eu connaissance parce qu'elle n'a pas été jusque là.

Au mois de mai 1899, j'ai vu en passant à Bo... (district de l'Equateur), où je suis demeuré quatre jours, un caporal nègre accompagné de deux indigènes apporter au poste deux paniers qui contenaient des mains coupées ! Par qui ? Par les soldats. Combien ? Je ne les ai pas comptées, mais j'estimaï qu'il pouvait y en avoir cinquante.

Au mois de juin de la même année à B... (district Equateur), un gradé noir a apporté la veille du marché du caoutchouc, six paniers remplis de mains coupées. On les a étalées sur une seule ligne EN FACE DE LA MAISON DU CHEF DE POSTE. Je les ai comptées : arrivé à cent soixante-cinq, je me suis arrêté. C'est sur mes protestations indignées que ces faits ne se sont pas renouvelés. Dans le même poste, CENT SOIXANTE-DOUZE indigènes du village de B... venaient dès mon début travailler journellement au poste. Six mois après, il restait DOUZE indigènes des CENT SOIXANTE-DOUZE. Les autres avaient été supprimés. Par qui ! par les soldats. Par ordre de qui ? du chef de poste. Pourquoi ? pour absence au travail. En effet, à chaque appel pour le travail, je comptais les hommes, et s'il en manquait deux, par exemple, on envoyait deux soldats au village et ceux-ci rapportaient régulièrement autan. de mains qu'il y avait eu d'absents à l'appel.

Sur ma demande, je quittai, non sans crainte, ce poste d'honneur.

En avril 1900 à B... (district Equateur), j'ai vu un chef de poste passer son temps à tirer sur des pirogues remplies d'indigènes qui traversaient la rivière en face de chez lui. Le comble de son bonheur était de voir crouler une pirogue avec son contenu.

De 1899 à 1901, dans les régions d'Ykengé, de Bokatola, d'Yloko, Belondo, Bikoro (Equateur), on ne saura jamais les centaines d'hommes, de femmes, d'enfants et de vieillards qui sont morts de faim en prison ou au travail forcé.

En 1900, un des blancs d'Y... était couramment dénommé « l'assassin ». Un chef du nom de Lokolongonia fut pendu sans autre forme de procès. Un blâme fut adressé à l'auteur de cette pendaison.

Dans la Mongala, la Commission d'enquête n'a eu garde d'y mettre les pieds et pour cause. La Mongala n'a-t-elle pas la prime pour les atrocités ! Dans cette fameuse région, il n'y a aucune mission, ni protestante, ni catholique. Je n'ai jamais entendu dire qu'un missionnaire y avait mis les pieds et pourquoi ?

Un seul fait pour lequel j'ai été enquêter (en 1903) personnellement vous permettra de juger des autres.

A L..., région de B..., dans la Mélo, les capitas échangeaient des morceaux de chair humaine fumée pour des paniers de caoutchouc. Le lieutenant de la région de la N'Giri a lui-même constaté ce fait et envoyé à ce sujet un rapport détaillé. Comme suite à ce rapport, le lieutenant S... fut changé de district. Il quitta la Mongala pour l'Equateur. Ce rapport que j'ai lu doit encore se trouver aux archives.

Je ne vous parlerai pas des expéditions militaires. De celles-là, on ne peut s'en faire une idée.

Je ne vous parlerai pas non plus des villages brûlés, des femmes violées et vendues sinon tuées, des hommes passés à la baïonnette !

Qu'il vous suffise de savoir que la Commission d'enquête n'a rien vu de ce qu'elle a mentionné et qu'elle n'a pas entendu tout et que son rapport est encore beaucoup en dessous de la vérité.

Pourquoi ne montre-t-on pas le rapport du major M... La cause de toutes ces abominations : Le caoutchouc. La civilisation là-bas n'a été et ne sera jamais qu'un vain mot tant que le travail forcé existera et tant qu'on obligera le nègre à payer l'impôt en caoutchouc.

» Le jour des morts ma pensée va non seulement à mes compatriotes couchés là-bas à jamais, mais aussi à ces milliers de noirs qui rougissent de leur sang la terre congolaise pour la plus grande honte de la plus grande Belgique.

Un jour la vérité percera, elle perce déjà, gare alors aux responsabilités.

» Aujourd'hui, qu'il est fortement question de la reprise du Congo par la Belgique, j'ai pensé que je devais dire une partie de la vérité à un homme tel que vous, si dévoué à son pays pour que vous fassiez tout ce qu'il est humainement possible de faire « afin que la Belgique ne reprenne pas le Congo LES MAINS LIÉES ».

Puisse ma lettre y contribuer un peu, c'est mon vœu le plus cher.

Veuillez agréer, etc.   (s.)

Quoique l'auteur de ces lettres m'ait autorisé à les signer de son nom, je préfère ne pas livrer ce nom aux chacals congolais ; je sais trop ce dont ils sont capables.

Toutefois, je les tiens à la disposition de l'un ou l'autre membre de la Chambre en qui j'aurais confiance : ce ne serait assurément pas le cas pour les laquais auxquels incombe la mission de tout trahir, intérêts de la Religion, du pays et des noirs, au profit exclusif de leurs généreux maîtres.

Dans ces lettres, les localités où se sont passés les faits sont clairement désignées. Ces localités, je les connais, ayant villégiaturé dans ces parages. Je n'ai pas eu l'avantage d'assister au découpage des mains : cela se conçoit. D'abord, on me rendait les déplacements aussi difficiles que possible : c'est ainsi que jamais on ne m'octroya une tente et que je fus obligé, parfois durant plusieurs semaines, de loger en pleine forêt équatoriale, sous des huttes en feuilles que bâclaient mes boys. Voilà comment, au pays de Boula-Matari, on traite les magistrats disgraciés pour avoir dénoncé les crimes des sacripants chargés de faire fructifier honnêtement le capital «esclave».

De plus, dès que je bougeais, on était averti que je me mettais en route et l'on était en garde. Afin même d'éviter les surprises, une circulaire enjoignit, à cette époque, aux magistrats de prévenir l'autorité administrative du but de leurs voyages : de cette façon, les fauves, dans leurs tanières, ne couraient plus aucun risque. La coutume des mains coupées était tellement répandue que l'on en parlait comme d'une pratique usitée dans le pays depuis l'arrivée des blancs et recommandée, pensait-on, par le code du parfait courtier en caoutchouc.

Voici maintenant, dépeint par un témoin oculaire, un marché de caoutchouc.

Un marché à caoutchouc à E.....

à l'époque où l'Etat du Congo exploitait seul le district.

En Août 18..., nous quittions Léopoldville en destination du Haut Congo. Notre contingent composé d'officiers, sous-officiers, commis ainsi que d'un magistrat, M. A..., était réparti sur les steamers « *Ville de Bruxelles* » et « *Stanley* » qui voyageaient de conserve. Le commandant R..., nous quitta à Yumbi, camp d'instruction.

Quelques jours plus tard nous arrivâmes en ce charmant pays dénommé « le Paradis du Caoutchouc ».

Le commandant était absent. Il s'était rendu au lac T..., châtier des tribus qui se montraient hostiles au travail. Son adjoint, un capitaine italien était malade. Le secrétaire du commandant assurait le service de la station, aidé par une demi-douzaine d'agents.

« Vous arrivez bien, nous dit ce fonctionnaire, le capitaine vient de m'in-
» former qu'ayant une réparation à effectuer vous ne pouvez repartir
» que demain après-midi. Vous aurez ainsi l'occasion d'assister au marché
» qui se tient ici demain Dimanche ».

Ce fut en effet un spectacle inoubliable.

Dès neuf heures du matin, nous vîmes une véritable nuée de pirogues de toutes dimensions, se diriger sur la station. Il en arrivait de tous côtés. La plupart arrivant de l'amont, venaient de la B... et du R...; celles arrivant de l'aval, venaient du lac T...

Les pirogues des « sentinelles à caoutchouc » étaient surmontées d'un abri, sous lequel se prélassaient ces dignes auxiliaires, soldats de la Force Publique, armés non seulement de leur Albini, mais aussi de couteaux de toutes tailles, dont la lame dépourvue de gaîne, reluisait de façon respectable.

Leur tenue et leur aspect farouche n'avaient d'égal que leur brutalité à l'égard des pagayeurs dont ils stimulaient le zèle à coups de matraque et en poussant des cris sauvages.

Hurlant et vociférant, ils rangeaient à la rive les récolteurs par village non sans leur administrer force horions, puis les conduisaient au lieu du marché où se trouvaient déjà rassemblés les contingents de récolteurs venus de l'intérieur par voie de terre. Ils étaient là un millier environ observant un silence rigoureux, n'osant bouger et dans leurs regards hébétés on lisait la crainte qui leur étreignait le cœur.

Au premier rang de cette masse tremblante, s'alignaient les sentinelles à caoutchouc, l'arme au pied et en position derrière chacune d'elles et sur une même file se trouvaient les récolteurs de chaque village séparés chacun par un panier de caoutchouc.

« La production mensuelle du district s'élevait à cette époque à quarante tonnes dont la majeure partie était amenée de quinze en quinze jours aux marchés périodiques comportant chacun un achat de 12 à 15 mille kilogs de caoutchouc. A quelques mètres et en avant des sentinelles se trouvait une balance à ressort suspendue à une espèce de potence et à proximité, une table chargée de lambeaux d'étoffe et d'articles d'échange, couverts et assiettes en fer blanc, miroirs, sonnettes et aussi des mitakos, monnaie de laiton de l'Etat du Congo, qui devaient servir à rémunérer les récolteurs. A l'appel du nom de leur village la sentinelle portait l'arme, faisait par le flanc et aussitôt la file d'indigènes placée derrière lui se précipitait en avant et vidait le contenu des paniers dont ils étaient porteurs dans celui qui était suspendu à la balance, au fur et à mesure des pesées.

» Aussitôt cette besogne terminée, l'agent préposé au paiement jetait aux récolteurs le prix de leur travail sans s'inquiéter de savoir quelles marchandises ils préféraient. Les malheureux n'avaient même pas le temps de ramasser leur paiement, car leur sentinelle les obligeait à courir dare-dare aux séchoirs porter le produit de leur récolte et leur administrait des coups de pied, de poing, même des coups de crosse de fusil lorsqu'ils ne se dépêchaient pas à son gré.

» Ces scènes se répétaient pour chacun des villages et toujours de façon aussi brutale.

» A côté de la balance se trouvait un bloc de bois, sorte de billot, sur lequel un grand escogriffe de caporal tranchait quelques boules de caoutchouc, qu'il puisait dans le panier avant chaque pesée. Si l'une de ces boules contenait par hasard quelques impuretés ou matières végétales mélangées au latex, le caporal le renseignait à l'agent préposé à l'achat. Celui-ci criait « Pamba», ce qui en dialecte indigène veut dire « pour rien » et tout le caoutchouc du village était acquis sans rémunération, sinon une punition corporelle (la chicotte) pour le capita indigène. Lorsque ce cas se présentait, nous entendions la sentinelle menacer les indigènes de terribles représailles à leur rentrée au village et disant qu'ils lui paye-raient cher leur audace.

» Chaque fois que la quantité pesée accusait une diminution sur la récolte précédente, la sentinelle devait en expliquer le motif et celle-ci justi-fiait le manquant en déclarant à haute et intelligible voix que tel nombre de ses récolteurs avaient pris la fuite en forêt, mais qu'il en avait tué autant dont il citait les noms et que leurs mains se trouvaient chez le caporal! ! Depuis qu'on ne devait plus les présenter au marché, les senti-nelles avaient ordre de remettre au caporal de la station, les mains des récolteurs tués afin de justifier les cartouches brûlées. Ces trophées étaient enfilés sur une baguette et boucanés au préalable.

» Si, par exception, la sentinelle ne pouvait justifier la diminution constatée dans la récolte de son village, elle recevait sur le champ une punition corporelle comportant une cinquantaine et davantage de coups de chicotte appliqués de main de maître par le gradé préposé à l'examen du caoutchouc. En se relevant le patient ne manquait jamais de prévenir ses administrés qu'il leur rendrait cela avec usure à leur rentrée au village.

» Un officier de mes amis qui assistait au marché et qui était désigné pour l'Uelé, déclara à un collègue qui venait reprendre là ses fonctions après un congé passé en Europe, qu'il n'aurait pas voulu servir un seul jour dans son sale district.

» Nous quittâmes cet endroit profondément écœurés du spectacle auquel nous avions assisté.

» C'est ainsi que l'Etat du Congo exploita son Domaine National qu'il refusa d'ouvrir au commerce privé de crainte de voir la ruine consommée à brève échéance, grâce au gaspillage systématique des richesses naturelles avec le concours de l'indigène !!!

» Si jamais gaspillage systématique fut organisé au Congo, ce fut bien celui inauguré par l'Etat ou sous son égide. A ceux qui doutent de notre bonne foi nous disons: Parcourez ces régions de l'Equateur, de Nouvelle-Anvers, de l'Aruwimi, etc. ; arrêtez-vous devant les vestiges d'immenses villages disparus, questionnez les survivants de ces populations décimées, pénétrez dans ces forêts, vierges il y a vingt ans, où la liane à caoutchouc a totalement disparu et vous pourrez vous rendre compte de l'œuvre de destruction accomplie.

» Voilà suffisamment de quoi justifier l'hommage national imposé pour la reprise du Congo. »

Incontestablement. Il me semble même que cela vaut une *Brabançonne* exécutée par Arlequin avec, pour couplet final, proposition d'augmentation de pourboire.

Les Réformes.

Le recrutement des travailleurs aux temps des réformes.

Je quittai Boma en novembre 1906. J'avais pour me rendre à Niangara, à traverser une bonne partie du Congo ; j'allais, ce qui était mon plus vif désir, être témoin des heureux changements produits par les Réformes. Mes illusions, si tant est que j'eusse des illusions, furent tôt dissipées : les prétendues réformes loin de l'améliorer avaient empiré l'épouvantable situation du cycle antérieur ; on n'avait pas guéri le mal, on l'avait dissimulé sous une nouvelle couche d'hypocrisie.

C'est en vertu de l'article 1er du décret du 3 juin 1906 sur le recrutement des travailleurs pour travaux d'utilité publique, que le travail forcé, illégal précédemment, est devenu légal, c'est en vertu de cet article qu'aux malheureux traînés corde au cou du fond de l'Uelé aux Grands Lacs ou aux mines de Kilo, j'ai dû répondre : c'est la civilisation.

Avant les mirobolantes réformes, j'aurais été en droit de les renvoyer dans leur village et de réclamer des poursuites contre le geôlier.

Indubitablement j'aurais été blâmé. L'esclavage ayant toujours été une institution d'état ; maintenant, les lois écrites qui le prohibaient, le réglementent. A l'heure actuelle ces recrutements d'esclaves ont lieu dans tous les districts, même dans ceux dont il est question dans les lettres des missionnaires citées plus haut et qui sont déjà décimés et beaucoup plus que décimés par le portage et la maladie du sommeil. Ne vous imaginez pas que lorsqu'il s'agit de travaux non décrétés d'utilité publique les engagements soient volontaires.

Au mois de janvier 1907 on avait enjoint à cinq ou six chefs de poste de cueillir dans les villages, qui deux cents, qui trois cents pagayeurs permanents : les chefs de village avaient reçu ordre d'amener des hommes ; ceux qui ne se seraient pas exécutés auraient été déclarés en révolte et contraints manu militari à se soumettre aux volontés du despote.

A cette occasion, tel chef de poste que je pourrais désigner me disait : « je dois avoir 250 pagayeurs au poste : où vais-je les loger, je n'ai pas un chimbèque ; comment vais-je les nourrir, j'ai à peine la quantité de vivre suffisante pour les soldats et travailleurs. »

Et l'on s'étonne que la maladie du sommeil fasse de rapides et effrayants progrès et que le pays se dépeuple !

Je parlais tout à l'heure des Grands Lacs et des mines de Kilo. Des pauvres diables arrachés à leurs villages, entraînés en ces régions lointaines dont le climat est souvent tout différent de celui de leur patrie, condamnés, sous menace de cet horrible supplice, la chicotte, à des travaux pénibles et auxquels ils ne sont nullement habitués, mal logés, mal nourris, combien pensez-vous échappent à la mort et après un terme de deux ou trois ans regagnent leur village? Pas un sur cent, peut-être.

Cette question du travail est excessivement grave et mérite d'attirer l'attention car les odieux abus du régime congolais en cette matière, contribuent autant et plus peut-être que les massacres, à l'extermination de la race et du jour où aux barbares succéderont des civilisés, tout devra être radicalement réformé. Or je le demande, combien parmi les membres du Parlement connaissent les procédés de l'Etat et quant au recrutement et quant au payement de son personnel noir?

J'ai parlé du recrutement ; quelques mots maintenant de la rénumération du travail.

Le Salaire au temps des Réformes

La générosité de l'Etat à l'égard de ses esclaves dépasse les bornes de la vraisemblance. Au cours de mon voyage, j'ai interrogé quantité d'Européens et d'indigènes ; j'ai examiné des centaines de livrets : le salaire minimum, celui des pagayeurs par exemple, est de deux francs quarante par mois ; le maximum est de cinq francs. exceptionnellement six. Dans une certaine zone, les boys jouissent d'un privilège : leur salaire mensuel est de dix-sept mitakós ou *un franc* et deux centimes : la solde des soldats est de 21 centimes par jour ; le samedi, on distribue à tous le pocho consistant ordinairement en bananes : à Niangara, elles étaient généralement vertes et immangeables. Ces bananes sont apportées par les indigènes, auxquels on les paye.un prix dérisoire. Afin d'apprécier à sa juste valeur la munificence du patron, il faut, en regard des magnifiques salaires dont il gratifie ses employés, donner les prix auxquels dans ses magasins sont vendus denrées et rossignols divers : il s'agit bien entendu de l'Uelé. Un kilog de sel vaut actuellement deux francs : il se vendait, il y quelques années, cinq et six francs et, en avril 1907, il coûtait encore à Lado trois francs 78 ; 250 grammes de tabac de qualité inférieure trois francs 60 ; une brique de savon d'environ 60 grammes, cinquante-cinq centimes ; des couteaux rouillés, ébréchés, absolument inutilisables, un franc 80 ; des perles à cinq, dix et quinze francs le kilog ; le reste à l'avenant.

J'ai des échantillons de ces objets de luxe et, si on le désire, je les exposerai à Bruxelles et à Liège. Il y a peut-être mieux encore : j'ai vu dans un magasin des malles en mauvais fer, rongées par la rouille, percées comme des écumoires, cotées vingt-huit francs ; sur le dos d'un soldat descendant de l'Enclave de Lado. j'ai vu une malle que le brave pioupiou avait payée cinquante-cinq francs, prix indiqué au livret : à Matadi, les malles semblables se vendent chez les factoriens une dizaine de francs. Ces marchandises servent également à l'achat de l'ivoire et du caoutchouc que l'Etat paye vingt-cinq ou cinquante centimes le kilog.

Ce n'est pas tout : si minime que soit la rétribution qu'en principe l'Etat accorde, soit aux travailleurs, soit aux indigènes, il trouve que c'est trop encore et souvent il ne leur donne même pas cette misérable aumône. C'est ainsi qu'un haut fonctionnaire venant de Lado m'a raconté que ce poste avait en 1906 une dette de dix-sept mille francs et que, soldats, travailleurs et indigènes devaient, soit travailler, soit livrer leur caoutchouc et leur ivoire sans rémunération.

Il en était a peu près être de même à Yé où l'on retenait travailleurs et soldats ayant achevé leur terme parce qu'on ne pouvait liquider leur compte. Il en était ainsi dans presque tous les postes où je suis passé et où les dettes variaient entre cinq et quinze mille francs. Si, comme il semble résulter de renseignements que j'ai recueillis, la situation financière de tous les postes de l'Etat est la même, la Belgique, au moment de la reprise, aura encore quelques millions à payer : ils arrondiront l'hommage national car dans les magasins elle ne trouvera ni une pointe d'ivoire, ni une boule de caoutchouc, ordre étant donné et répété dix fois par mois de faire descendre sans aucun délai tout ce qui est fourni par les indigènes.

N'est-ce pas qu'il est munificent l'Etat du Congo ! Il est vrai que pour inspirer à ses ouvriers, l'amour du travail, il possède encore une monnaie dont j'ai oublié de parler et dont il est excessivement libéral : c'est l'affreuse, l'odieuse chicotte : et quand la chicotte ne suffit pas, la poudre parle.

———

La Chicotte

Je viens d'exposer comment, au temps des réformes, sont recrutés les travailleurs de l'Etat, arrachés de leurs villages, traînés, durant de longs mois, corde au cou, sous la garde de féroces soldats dont la consigne formelle est de fusiller quiconque tenterait de fuir, traînés, dis-je, aux chemins de fer, aux mines, dans les postes ou dans les camps. J'ai aussi donné un aperçu des salaires de ces travailleurs, toujours au temps des réformes. J'ai ajouté que ces infortunés esclaves étaient partout astreints aux travaux les plus pénibles, travaux auxquels ils ne sont nullement entraînés et qui, sous le soleil du Congo, suffiraient à eux seuls, non pas à les décimer, mais à les supprimer tous en un laps de temps très limité. C'est ce qui a lieu et c'est pour ce motif que les caravanes se succèdent sans interruption descendant du Haut ou montant du Bas. Le calvaire qu'est pour ces lamentables troupeaux de victimes de l'insatiable Minotaure, le voyage au cours duquel ils sont exposés à toutes les intempéries du climat, couchant en pleine forêt, sur la terre nue, sans vêtements, n'ayant souvent de vivres qu'en infime quantité, encaqués d'autres fois dans de mauvaises pirogues ou dans la cale infecte des steamers, ce calvaire n'est rien en comparaison de ce qui les attend au bagne où jusqu'à ce que la mort vienne les délivrer, ils mèneront une existence telle que celle des forçats d'Europe serait pour eux la béatitude suprême.

Le garde chiourme, une ganache souvent abrutie par l'alcool et par la débauche, prend livraison du bétail, le parque dans le voisinage du poste et le lendemain dès six heures du matin a lieu l'appel. Cet appel dans les tous postes de l'Etat, depuis Boma jusqu'à l'Enclave de Lado, depuis l'Enclave jusqu'au Tanganika, au Katanga et au Kassaï, est, sous le régime des Réformes, ce qu'il a toujours été depuis que Boula Matari ayant débusqué ces coquins d'Arabes, a, conformément aux engagements pris à Berlin, commencé à civiliser par le pillage, le massacre, la torture, les peuplades du Congo livrées sans merci à sa philanthropie, et a transformé en un délicieux Eden cet enfer qu'était autrefois le continent noir.

L'appel débute par l'Administration de la chicotte à deux, trois, dix des travailleurs et soldats du poste. Cette monnaie est la seule que le magnanime souverain permette à ses délégués à la civilisation de distribuer sans compter, dont il les engage même à se montrer généreux. Aussi en sont-ils prodigues ; c'est pour la horde des esclaves, à défaut d'autre salaire, un puissant stimulant au travail. Et puis pour beaucoup de ces petits monstres vicieux chez lesquels est au plus haut point développé ce qu'Ernest Hello appelle la passion du malheur, la vue d'une créature humaine qui souffre, qui pleure, qui se lamente, qui implore pitié, procure une volupté qu'il n'est pas donné à tout le monde de comprendre. A un appel à la pitié, ces tortionnaires répondent par l'ordre de cravacher plus violemment, accessibles à la pitié ! les tigres le sont plus qu'eux : s'il en allait autrement, ils seraient de mauvais serviteurs de l'Etat Indépendant du Congo.

Chaque jour donc, le matin à six heures, l'après-midi à deux heures, dans tous les postes de l'Etat, on peut, aujourd'hui comme il y a cinq ans, comme il y a dix ans, jouir du ragoûtant spectacle que je vais tâcher de dépeindre et auquel sont spécialement conviées les nouvelles recrues.

Le chef de poste désigne les victimes ; elles sortent des rangs et se présentent d'elles-mêmes, car à la moindre tentative de fugue, elles seraient brutalement appréhendées par les soldats, giflées par le représentant de Boula Matari, et la ration serait doublée. Tremblantes, effarées, elles s'étendent visage contre terre en face du commandant et de ses adjoints ; deux de leurs compagnons, quatre parfois les saisissent par les pieds et par les mains, leur enlèvent leur pagne. Alors, armé d'un nerf d'hippopotame semblable à ce qu'ici on nomme nerf de bœuf, mais plus flexible, un gradé noir choisi parmi les plus robustes et auquel on ne recommande que d'être énergique et sans pitié, flagelle les patients. Chaque fois que le bourreau relève la chicotte, une strie rougeâtre apparaît sur la peau des pitoyables suppliciés qui,

quoique solidement maintenus, halettent dans d'affreuses contor-
tions. Souvent le sang gicle, plus rarement la syncope survient ;
quoique dans ces cas, le règlement prescrive de proroger la séance,
ordinairement on continue et, meurtrissant ou même mutilant,
vingt cinq fois, souvent cinquante ou davantage, imperturba-
blement la chicotte cingle la chair de ces martyrs des plus
implacables et des plus répugnants tyrans qui aient jamais dés-
honorés l'humanité. Aux premiers coups les malheureux poussent
d'épouvantables hurlements qui bientôt se transforment en sourds
gémissements.

Par surcroît, lorsque l'ordonnateur de l'exécution est mal disposé, il bourre de coups de pieds ceux qui pleurent ou qui con-
vulsivement s'agitent. Quelques-uns, j'ai été témoin de la chose,
par un raffinement de méchanceté, exigent qu'au moment où ils
se relèvent pantelants, leurs souffre-douleur fassent gracieuse-
ment le salut militaire. Cette formalité non prescrite par le
règlement rentre absolument dans les vues de l'ignoble institution qui ne vise qu'à avilir le noir afin de pouvoir sans crainte,
en user et en abuser ; le résultat se chiffre par des centaines de
millions stupidement gaspillés et pour lesquels on réclame un
hommage national.

Je ne crains pas d'affirmer que si, sur une quelconque de
nos places publiques, une brute sanguinaire s'avisait de cra-
cher ainsi un chien ou même un cheval, elle serait immé-
diatement écharpée par la foule. Là-bas, et dès l'âge de six
ou sept ans, tous les serviteurs de Boula-Matari sont au gré
de jeunes polissons soumis à cet atroce supplice. C'est pour
avoir protesté contre la barbarie d'un exécrable tyranneau qui
avait fait flageller une trentaine de bambins coupables d'avoir
ri en sa présence, que je fus une première fois admonesté.
On m'expliqua dans une lettre dont je donnerai ultérieurement
le texte, que j'avais eu tort de m'immiscer dans cette affaire ;
cependant, pour me donner satisfaction et m'apprendre mes
devoirs de magistrat, M. le Gouverneur général me fit savoir
qu'il avait prescrit de transférer à l'autre bout du poste le lieu
d'exécution qui précédemment était tout proche de ma maison !!!

Dans une prochaine livraison, j'exposerai la législation de l'Etat civilisateur relative à la chicotte; je dirai comment est appliqué le règlement et quels sont les crimes punis de la torture; à l'appui de mes affirmations, je citerai des documents officiels.

Un mot en terminant. Décidé à dévoiler malgré tout les horreurs du Régime Congolais, je me vois, par suite de circonstances sur lesquelles je n'insisterai pas en ce moment, obligé de recourir aux brochures. Les folliculaires du Bureau de la Presse s'empresseront probablement de vociférer que les fonds m'ont été fournis par les marchands de Liverpool. Il n'en est rien, je vous assure.

Aussi, comme j'accomplis une œuvre de salubrité publique en démasquant les coquins, comme je rends service à M. le Ministre des Finances en m'efforçant de mettre un frein aux stupides dilapidations du trésor dont il a la garde, comme de plus je ne suis pas un Crésus, tant s'en faut, je serais très heureux si un lecteur de ce petit livre, ami de M. le Ministre des Finances, voulait bien lui proposer de m'allouer le léger subside indispensable pour conduire à bonne fin l'œuvre que j'ai entreprise. Par ces temps d'hommages nationaux, ma prétention n'a rien d'exorbitant.

Liége, le 1er juin 1908.

STANISLAS LEFRANC

Juge à l'Etat du Congo

Rue André Dumont, 19.

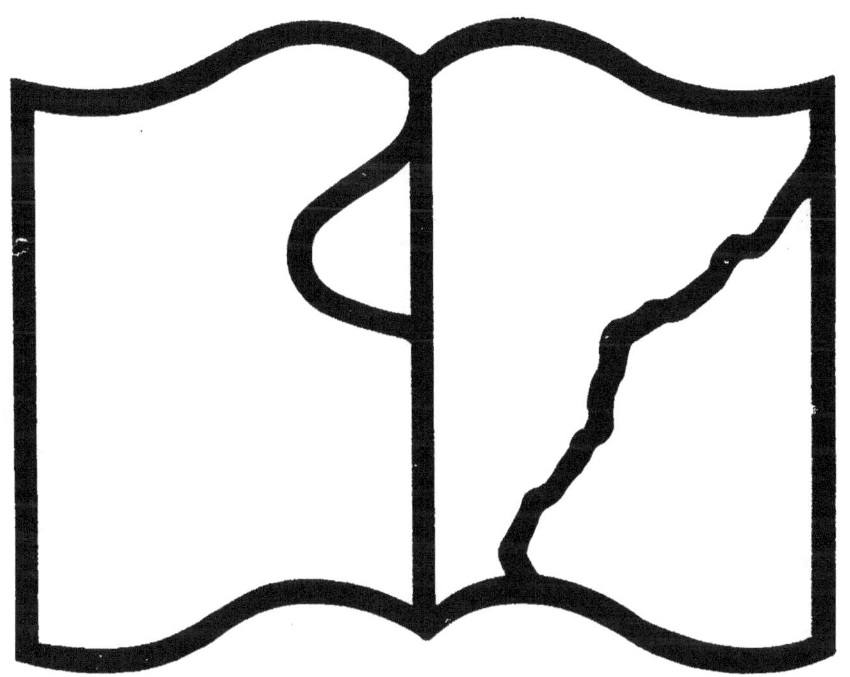

Texte détérioré — reliure défectueuse

NF Z 43-120-11